Meine liebsten

Märchen zur Guten Nacht

Nacherzählt von Annegret Hägele • Bilder von Irene Mohr

CARLSEN

Die Wichtelmännchen

Es war einmal ein Schuster, der hatte kein Geld mehr in den Taschen. Er war so arm, dass ihm bloß etwas Leder geblieben war. Davon aber konnte man nur ein einziges Paar Schuhe machen.
Am Abend schnitt er das Leder zu, um am nächsten Morgen sogleich mit der Arbeit an den Schuhen zu beginnen. Dann ging er zu Bett, denn er war sehr müde.
Als er tags darauf erwachte und sich an den Tisch setzen wollte, standen die Schuhe schon fertig vor ihm. Der Schuster glaubte noch zu träumen und rief: »Solch schöne Arbeit geschah über Nacht? Wer mag das gewesen sein?«
Da trat ein Mann ins Geschäft, und auch ihm gefielen die Schuhe. Er nahm sie und gab dem Schuster dafür so viel Geld, dass er Leder für zwei Paar Schuhe kaufen konnte.

Abends schnitt der Schuster erneut das Leder zu, denn er wollte es gleich am nächsten Tag zu schönen Schuhen machen. Doch am Morgen war die ganze Arbeit schon getan. Der Schuster staunte. Er nahm die Schuhe in die Hände und sagte: »Kein Meister hätte sie besser schustern können!«

Und wieder kamen Leute, die großen Gefallen an den Schuhen fanden und dafür reichlich bezahlten.

So ging es immer weiter: Wenn der Schuster abends das Leder zugeschnitten hatte, so fand er morgens die fertigen Schuhe auf dem Tisch. Bald war er ein wohlhabender Mann, doch er konnte sich noch immer nicht erklären, was nachts in seiner Werkstatt geschah.

Als der Schuster eines Abends wieder das Leder vorbereitet hatte, fragte er seine Frau: »Wie wäre es, wenn wir einmal wach bleiben, um zu sehen, wer nachts immer so fleißig ist und uns so freundlich hilft?«

Also ließen sie ein kleines Licht brennen und versteckten sich im Zimmer. Um Mitternacht kamen zwei kleine Männchen hereinspaziert, die trugen bloß dünne Hemdchen. Sie setzten sich auf den Tisch, nahmen das Leder und begannen eilig zu nähen, zu klopfen und zu polieren. Als sie fertig waren, verschwanden sie genauso flink, wie sie gekommen waren. Am Morgen sprach die Frau: »Die kleinen Männlein haben uns reich gemacht, zum Dank wollen wir ihnen etwas schenken. Sie haben doch kaum etwas anzuziehen und frieren bestimmt. Ich werde ihnen Jäckchen und Höschen nähen. Auch kleine Strümpfe will ich für sie stricken. Mach du jedem ein Paar Schuhe dazu.«

Der Schuster tat dies gerne und noch am selben Abend war alles bereit. Diesmal legten sie kein Leder, sondern die Geschenke auf den Tisch und versteckten sich wieder. Als die Wichtelmännchen um Mitternacht herbeikamen, wollten sie sich gleich an die Arbeit machen. Doch wie staunten sie, als sie statt des Leders die niedlichen Kleidungsstücke fanden. Sie zogen sich an, schlüpften in die Schuhe und sangen: »Sind uns're Kleider nicht schön und fein? Was soll'n wir länger Schuster sein!«
Sie hüpften vor Freude, sprangen über Stühle und Bänke und tanzten schließlich zur Tür hinaus. Von nun an kamen sie nicht mehr, aber der Schuster und seine Frau lebten glücklich und zufrieden. Und wenn sie nicht gestorben sind, dann leben sie noch heute.

Der dicke fette Pfannkuchen

Es waren einmal drei alte Schwestern, die bekamen eines Tages großen Appetit auf einen Pfannkuchen. So gab die erste ein Ei in die Schüssel, die zweite Milch und die dritte Butter und Mehl. Gemeinsam backten sie einen dicken fetten Pfannkuchen, der bald zu duften begann. Die Frauen freuten sich schon darauf, ihn zu essen. Doch da richtete sich der Pfannkuchen plötzlich auf, sprang aus der Pfanne und rollte eilig davon.
»Warte!«, riefen die Schwestern und liefen hinter ihm her.
Aber der Pfannkuchen war schneller und rollte – *kantapper, kantapper* – in den Wald hinein.
Unterwegs begegnete ihm ein Häschen, das war sehr hungrig und sprach: »Pfannkuchen, Pfannkuchen, bleib hier, ich will dich fressen!« Da antwortete der Pfannkuchen:
»Den drei alten Schwestern bin ich weggelaufen und soll mich nun von dir, Häschen Hoppel, fressen lassen?«
Und damit rollte er – *kantapper, kantapper* – davon.

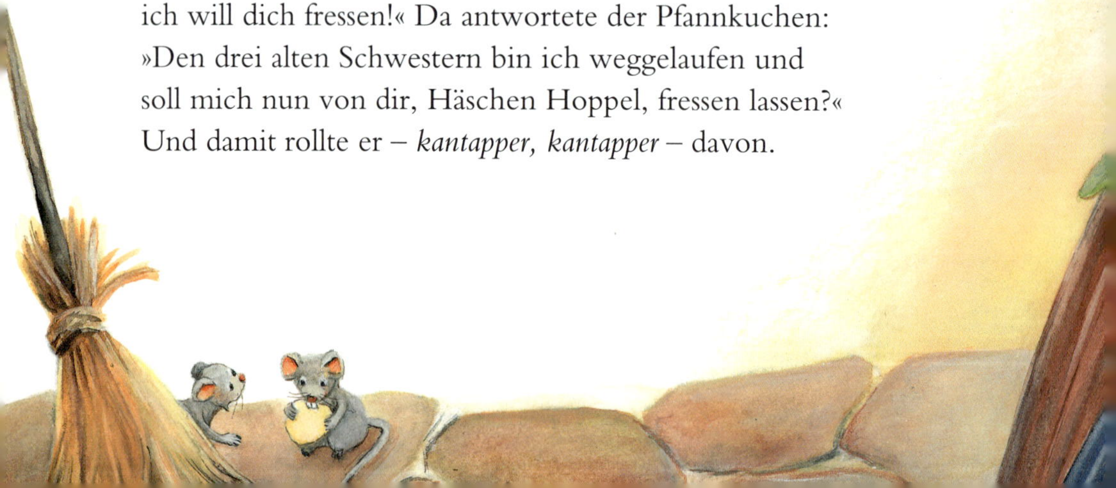

Da kam ein Wolf vorbei, der rief: »Dicker fetter Pfannkuchen, bleib doch stehen, ich will dich fressen!« Der aber sagte: »Den drei alten Schwestern bin ich entkommen und auch dem Häschen Hoppel und soll mich nun von dir, Wolf Dickwanst, fressen lassen?«

Und wieder rollte er – *kantapper, kantapper* – davon, immer weiter in den Wald hinein. Dann traf er eine Ziege, die meckerte ihm entgegen: »Pfannkuchen, roll mir nicht weg, denn ich will dich fressen!« Doch der Pfannkuchen gab zur Antwort: »Den drei alten Schwestern, dem Häschen Hoppel und dem Wolf Dickwanst bin ich davongerollt und soll mich nun von dir, Ziege Langbart, fressen lassen? Auf gar keinen Fall!« Und die Ziege sah ihm staunend nach, wie er – *kantapper, kantapper* – davonrollte.
Bald traf er ein Pferd, und auch das war hinter dem Pfannkuchen her. »Pfannkuchen, steh still, ich will dich fressen!«, wieherte es.

Doch der Pfannkuchen rollte – *kantapper, kantapper* – den Weg entlang und rief ihm zu: »Den drei alten Schwestern bin ich entkommen, auch dem Häschen Hoppel, dem Wolf Dickwanst und der Ziege Langbart. Du, Pferd Platthuf, wirst mich auch nicht fressen!« Immer tiefer gelangte der Pfannkuchen in den Wald, bis ihm ein Schwein entgegenkam.

Als es den dicken fetten Pfannkuchen sah, hatte es große Lust, ihn zu verspeisen, und grunzte: »Pfannkuchen, komm zu mir, ich will dich fressen!«

Aber der Pfannkuchen dachte nicht daran und antwortete: »Den drei alten Schwestern bin ich davongerollt, und auch dem Häschen Hoppel, dem Wolf Dickwanst, der Ziege Langbart und dem Pferd Platthuf. Nun soll ich mich von dir, Schweinchen Schmutzfuß, fressen lassen?«

Und schon war der Pfannkuchen – *kantapper, kantapper* – weitergerollt. Er rollte vorbei an den Blumen des Waldes, einem plätschernden Bach und den mächtigen Tannen. Es war bereits Abend geworden und der Pfannkuchen wurde allmählich müde. Da kamen ihm drei Kinder entgegen. Sie hatten weder Vater noch Mutter und waren schrecklich hungrig. Als sie den Pfannkuchen entdeckten, machten sie große Augen und baten den Pfannkuchen: »Lieber Pfannkuchen, bleib doch stehen! Wir haben den ganzen Tag noch nichts gegessen!«

Und als der Pfannkuchen die Bitte
der Kinder hörte, sprang er in ihren Korb.
Die Kinder freuten sich sehr
und aßen den leckeren Pfannkuchen
bis zum letzten Krümel auf.

Die Sterntaler

Es war einmal ein kleines Mädchen, das hatte keine Eltern mehr. Das Mädchen war so arm, dass es kein Zimmer hatte, um darin zu wohnen, und kein Bett, in dem es schlafen konnte. Es besaß nur noch die Kleider, die es trug, und ein Stückchen Brot, das es geschenkt bekommen hatte. Das Mädchen aber war gut und freundlich zu allen Menschen und Tieren. So ging es ganz allein durch Wiesen und Felder, hinaus in die Welt.
Da begegnete ihm ein armer Mann, der sagte: »Ach, bitte, gib mir etwas zu essen, ich habe so großen Hunger.«
Das Mädchen hatte Mitleid mit ihm und gab ihm das ganze Stück Brot.

Als das Mädchen weiterging, kam ein Kind, das jammerte: »Mich friert es so an meinem Kopf, bitte schenk mir doch etwas, womit ich mich wärmen kann.« Da nahm das Mädchen die Mütze ab und gab sie ihm. Und es freute sich, dass es dem Kind helfen konnte. Nach einer Weile kam wieder ein Kind, das hatte keine Jacke. Da verschenkte das Mädchen auch seine Jacke. Bald darauf kam noch ein Kind, das fror. Dem schenkte das Mädchen seinen Rock.

Als es dunkel wurde, gelangte das Mädchen in einen Wald. Der Mond schien hell durch die Bäume und leuchtete auf den Weg. Es dauerte nicht lange, bis ihm erneut ein Kind begegnete, und auch das fror ganz fürchterlich. Das Mädchen dachte bei sich: Es ist dunkle Nacht, da sieht mich keiner, ich kann auch mein Hemdchen verschenken.

Und so zog es sein Hemd aus und gab es dem frierenden Kind.

Als das Mädchen aber nun im Wald stand und gar nichts mehr hatte, kein Kleid und kein Stückchen Brot, da sah es zum Himmel hoch. Dort oben strahlte und glitzerte es so geheimnisvoll …
Und auf einmal fielen die Sterne vom Himmel!
Sie wurden beim Fallen zu lauter goldenen, glänzenden Talern. Bald war der Boden ringsumher bedeckt von den vielen kostbaren Münzen. Und obwohl das Mädchen alles weggegeben hatte, trug es plötzlich ein neues, wunderschönes Kleid. Damit fing es nun die Taler auf und war reich für sein ganzes Leben.